Die Deutsche Bibliothek – CIP-Einheitsaufnahme

Duffhauss, Marijke:
Klein Joris im Garten / Marijke Duffhauss.
Aus dem Fläm. übers. von Jeanne Oidtmann-van Beek.
– Bindlach : Loewe.
1. Aufl. –1997
Einheitssacht.: Kleine Joris – sproeien, lawaai, eendjes <dt.>
ISBN 3-7855-3013-7
NE: HST

ISBN 3-7855-3013-7 – 1. Auflage 1997

Die flämische Originalausgabe ist unter dem Titel „Kleine Joris – Sproeien, Lawaai, Eendjes" erschienen.

Aus dem Flämischen übersetzt von Jeanne Oidtmann-van Beek
Satz: DTP im Verlag
Printed in Singapore

Marijke Duffhauss

Klein Joris im Garten

Aus dem Flämischen übersetzt
von Jeanne Oidtmann-van Beek

Loewe

Die Blumen

Die Blumen lassen traurig die Köpfe hängen.

Klein Joris spritzt sie nass.

Dich auch, kleiner Vogel?

Und Klein Joris? Dich auch?

Viel Krach

Klein Joris hört das Telefon klingeln und …

... den Wasserkessel pfeifen.

Draußen ist noch mehr Krach.

Klein Joris kann auch Krach machen.

Die Enten

Klein Joris hat einen Beutel mit Brot.

Er füttert die Enten.

Und ich? Bekomme ich nichts?

Natürlich kriegst du auch etwas.